Karl Frey · Im Licht der Hoffnung leben

Karl Frey

Im Licht der Hoffnung leben

Für Trauernde

Die Deutsche Bibliothek – CIP-Einheitsaufnahme

Im Licht der Hoffnung leben : für Trauernde / Karl Frey. – 3. Aufl. – Lahr : Johannis, 1998
(Johannis-Bild-Text-Band ; 05 643)
ISBN 3-501-00643-8

Johannis-Bild-Text-Band 05 643
Neuauflage 1998 (3. Auflage)
© 1992 by Verlag der St.-Johannis-Druckerei, Lahr
Gesamtherstellung:
St.-Johannis-Druckerei, 77922 Lahr
Printed in Germany 13302/1998

Du hast es gewußt, daß der Tod dauernd unterwegs ist. Nun ist er aber bei dir eingekehrt. Bei dir persönlich. Und das ist anders. In der Bibel wird der Tod als Feind bezeichnet. Und das ist er auch. Du erleidest nun diese Feindseligkeit in ihrer ganzen Härte.

Als einer, der schon an vielen Gräbern stand, möchte ich dich in diesem Leid ein Stück des Weges begleiten. Ich möchte teilnehmen an deiner Trauer und in Worten und Bildern mit dir reden. Dein Leid kann ich dir aber nicht abnehmen. Ich möchte dir jedoch zu dem hinhelfen, der allein Zugang hat zu den Stellen deines Schmerzes, wo kein Menschenwort mehr hinreicht.

Du mußt dein Leid mit Gott, dem Herrn über Leben und Tod, besprechen, so, daß es niemand sonst hört. Und du mußt den Weg zu Jesus finden, der in seiner Auferstehung dem Tod seine Macht genommen hat. So allein kann dir geholfen werden, daß du mit deinem Leid fertig wirst und zum Frieden kommst. Einen besseren Weg kenne ich nicht.

Karl Frey

O Gott, hilf mir hindurch

Es war ein harter Weg. Der Weg zum Friedhof. Hart wie die Pflastersteine. Und du hast immer dasselbe vor dich hingebetet: O Gott, hilf mir hindurch! Mehr gab deine Kraft nicht her. Denn was da fortgetragen wurde, das war doch ein Stück deines Lebens.

O Gott, hilf mir hindurch! Dies war das einzige, was dich auf diesem Weg bewegte. Es war aber auch das Beste. Daß dir der Gedanke an Gott in deinem Leid nicht untergegangen war, wie die Sonne, wenn die Nacht kommt, dies war doch bereits ein Zeichen seiner Hilfe.

O Gott, hilf mir hindurch! Laß dieses Wort nicht mehr los! Auch nach dem Friedhof nicht. Es wird dir ein Trost sein durch die Zeit des Trauerns. Und eine Quelle der Kraft, wie du sie sonst nirgends findest.

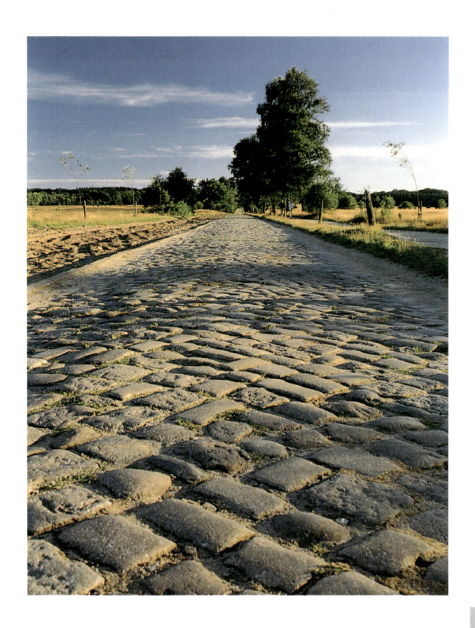

Tränen

Tränen dürfen sein. Du darfst weinen, wenn der Schmerz über dich kommt. Tränen sind keine Zeichen von Schwäche. Sie können Zeichen einer starken Liebe sein.
Darum darfst du am Grabe weinen. Jesus hat am Grab seines Freundes Lazarus auch geweint. In den Tränen fließt der Schmerz nach außen, und das ist heilsam.
Aber alles hat seine Zeit. Auch das Weinen. Sobald dir Jesus begegnet, der zur Witwe von Nain sagte: Weine nicht!, darfst auch du aufhören zu weinen. Er ist wie die aufgehende Sonne, die die Wassertropfen vergehen läßt.
Denn so hört Gott mit denen, die ihm vertrauen, nicht auf, daß er sie weinen läßt. Er wird abwischen alle Tränen. Alle. Auch deine. Der Saat der Tränen ist Freude verheißen.

Dornen

Die Rose gehört zu den schönsten Blumen. Aber Rosengewächse haben auch Dornen. Deshalb kannst du nicht erwarten, daß du nur ein Leben ohne Schmerz und einen Weg ohne Dornen haben darfst.

Gott hat dir sicher schon viele Blumen auf den Weg gestreut, die du gerne aufgelesen hast. Dann mußt du auch bereit sein, die Dornen mitzunehmen.

Auch Dornen haben einen Sinn. Sie schützen vor einem mutwilligen Zugriff und machen das Kostbare um so wertvoller. So schützen auch Dornen das Schöne in deinem Leben und machen dir bewußt, daß es nicht selbstverständlich war, wenn du es gut hattest. Der dankbare Blick auf die glücklichen Stunden früherer Tage soll es dir leichter machen, jetzt auch den Stich der Dornen zu ertragen.

Stille

Es ist nötig, daß du nach den Tagen des Abschieds zur Ruhe kommst. Zur Stille ohne Tränen. Du solltest einmal ganz ruhig und klar deine neue Situation überdenken.

Du mußt ganz nüchtern erkennen, daß dieser Tod in deinem Leben eine Tatsache geschaffen hat, die nicht mehr zu ändern ist. Der alte Zustand ist unwiederbringlich vorbei. Auch wenn es weh tut, darfst du dich dieser Erkenntnis nicht verschließen.

Und dann mußt du versuchen, ein Ja dazu zu finden. Zum Loslassen. Zum Hergeben dessen, was dir lieb war. Dies ist eine Schwerarbeit, die du nicht in kurzer Zeit erfüllst. Aber du wirst es schaffen, wenn du dir dabei von Gott und seinem Wort helfen läßt.

Warum?

Warum? So fragst du im Schmerz der Trennung von einem geliebten Menschen. Dies ist dir erlaubt, obwohl es auf dieser Erde nur einen gab, der beim Sterben mit Recht diese Frage stellte: Jesus am Kreuz.

Ich kann dir auf dein Warum keine ganze Antwort geben. Aber du kannst über dieser Frage ruhiger werden, wenn du in deine Trauer hinein ganz fest den Glauben stellst, daß Gott allein der Herr über Leben und Tod ist und auch dein Todesleid allein aus seinem Willen kommt. Dann darfst du ihm auch zutrauen, daß er keinen Fehler macht, auf welche Weise auch er einen Menschen sterben läßt.

Vielleicht solltest du nicht nur fragen: Warum? Sondern auch: Wozu? Alles, was Gott schickt, soll uns zum Besten dienen. Jede Schickung trägt Gottes Handschrift: Ich habe dich lieb.

Die ganze Antwort aber wirst du erst erfahren, wenn du durch das letzte Tor deines Lebens schreitest und den Willen Gottes in vollendeter Klarheit erkennen darfst.

Weggerissen

Vielleicht kommt es dir in deinem Todesleid auch so vor. Als sei ein Stück Land unter deinen Füßen weggerissen worden. Ein fester Grund und Boden, auf dem du stehen konntest.
Vielleicht ist dies ein Bild für deinen inneren Zustand. Hergeben. Loslassen. Wieviel ist dir schon weggerissen worden! Wieviel hast du schon hergeben müssen in deinem Leben! Und du bist darin nicht umgekommen.
Du wirst auch dies überstehen.
Auch wenn der Boden unter deinen Füßen weggerissen wird und du nicht mehr stehen kannst, dann ist immer noch Gottes Hand über dir, an der du dich festhalten kannst und die dich hält. Sie kann und wird dich auch wieder auf festen Grund und Boden stellen. Glaube nur!

Unruhige Wegstrecke

Das Wasser fällt und stürzt. Von Klippe zu Klippe geschleudert. Von Stein zu Stein, in wildem Durcheinander.
Und doch ist da eine Ordnung vorhanden. Eine Richtung. Ein Ziel. Weiter unten wird es ruhiger. In einem großen Fluß. Im weiten Meer.
Der Wasserlauf und der menschliche Lebenslauf haben vieles gemeinsam. Wie sich das ruhig fließende Wasser plötzlich in einen beängstigenden Sturzbach verwandeln kann, so kann es auch auf deinem ruhigen Lebensweg unversehens zu verwirrenden Abstürzen kommen. Aber wie im Wasserlauf, so ist auch in deinem menschlichen Lebenslauf ein Ziel und eine ordnende Hand.
Vertraue dieser Hand! Es ist die Hand Gottes. Er sieht die Stelle schon, wo auch dieser unruhige Abschnitt deines Lebens wieder zur Ruhe kommt.
Und auch am Wildbach blühen die Blumen.

Schuld und Vergebung

An keinem Ort werden wir stärker nach unserer Liebe gefragt, als an einem Grab. Wenn der Sarg geschlossen ist, wird bei den Zurückbleibenden das Gewissen wach.
Da wird man sich versäumter Liebe bewußt. Selbstanklagen und späte Erkenntnisse können wie drückende Steine sein, die nicht durch das enge Gitter des Vergessens fallen wollen. Auch der teuerste Grabstein wiegt versäumte Liebe nicht auf.
Daran solltest du aber nicht hängenbleiben. Zu spät ist zu spät. Schaue dich aber um! Da sind auch noch andere Menschen, die auf Liebe warten. Hier kannst du Versäumtes an anderer Stelle anbringen. Und nimm alles, was dich anklagt, und lege es unter das Kreuz Jesu, der mit seiner Liebe deinen Mangel zudeckt!
Gottes Vergeben ist größer als alle menschliche Schuld.

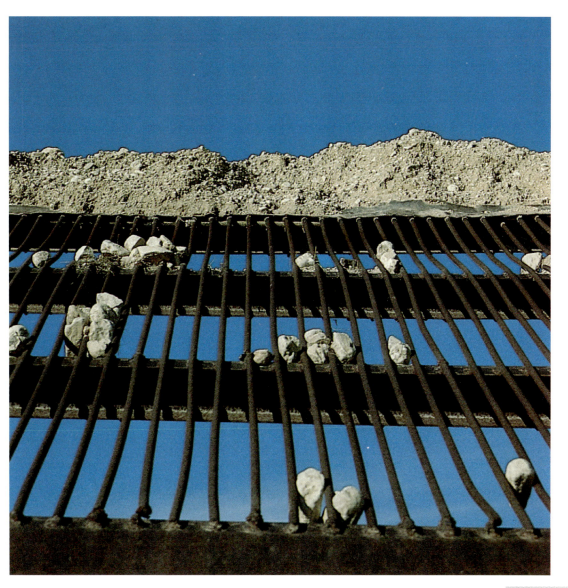

Verbindung mit den Toten

Gibt es über den Tod hinaus noch eine Verbindung mit den Toten? Oder ist da die Tür abgeschlossen, an der man nur noch verwelkende Blumen ablegen kann?
Gott hat in seinen Händen die Lebenden und die Toten gleicherweise. Vor ihm leben alle. Auch diejenigen, die wir ins Grab legen.
Wenn du eine Verbindung mit einem verstorbenen Menschen suchst, dann suche sie allein über Gott. Sprich mit ihm! Sage ihm, was du dem Toten noch sagen möchtest! Bete für ihn! Andere Verbindungen zu einem Verstorbenen solltest du nicht suchen. Sie führen in die Irre und Unruhe. Und nicht zum Frieden.

Die Sonne geht nicht unter

Die Sonne geht nicht unter. Sie verschwindet nur für kurze Zeit hinter dem Horizont. Durch die zerrissenen Wolken läßt sie grüßen. Sie wird wiederkommen, wenn auch auf der anderen Seite. Aber sie wird wiederkommen mit ihrem Licht und ihrer Wärme.
Die Sonne geht auch nicht unter in deiner Trauer. Es kommt die Zeit, da sich die Stürme legen, da sich die Wogen wieder glätten und die Wolken aufreißen.
Dann wird es wieder ruhiger. Und die Sonne kommt wieder. Vielleicht auch auf einer anderen Seite. Dann siehst du wieder Gottes Antlitz mit den Augen deiner Seele und spürst seine warmen heilenden Hände.

Ausblick

Du fühlst dich wie eingesperrt in das Dunkel deiner Trauer. Alleingelassen in deinem Heimweh und deinen Erinnerungen.
Auch solche Zeiten und Stunden haben ihre Bedeutung. Sie können im Rückblick Dankbarkeit erwecken für das, was man gehabt hat. Sie lassen die Trauernden reifer werden.
Man darf aber nicht nur in Erinnerungen verweilen. Das Leben da draußen geht weiter. Und da ist ein Ausblick. Da ist ein Ruf. Du hast noch einen Weg vor dir.
Daß der Tod nicht nach dir gegriffen und dich noch dagelassen hat, ist nicht zufällig. Du hast noch eine Aufgabe.

Neuordnung

Ein Todesfall kann ein Haus und Familienleben erschüttern wie ein Erdbeben. Auch in einem trauten Heim bleibt nicht alles, wie es vorher war. Da ist ein leerer Platz entstanden. Du wirst dich dieser Veränderung stellen müssen und überlegen, wie du damit fertig wirst.

Vielleicht solltest du auch in deiner Wohnung etwas ändern und umstellen. Vielleicht auch andere Bilder aufhängen. Du kannst sonst nicht recht von der Vergangenheit loskommen. Und auf Schritt und Tritt verfolgen dich die Erinnerungen.

Du darfst ruhig die Blumen am Fenster weiter pflegen, aber in der Hausordnung nicht erstarren. Du mußt und darfst frei werden für die Zukunft. Auch für Neues.

Das Leben ruft

Jede Wunde braucht Zeit zum Heilen. Auch Todesleid und Trauer. Das mußt du durchhalten. Und du brauchst Geduld dazu. Viel Geduld.

Wenn du auch nicht gerne an die Zukunft denkst, du wirst es trotzdem tun müssen. Du hast noch ein Leben vor dir, das dich ruft. Hebe den Blick! Da ist ein offenes Tor. Und Licht und Leben.

Da ist das Haus. Da sind die täglichen Besorgungen. Da sind die Blumen. Sie blühen für dich und warten auf dich. Da sind die Briefe. Da ist dein Beruf. Da sind deine Angehörigen. Vieles wartet auf dich. Laß dich rufen!

Du solltest nichts vernachlässigen. Es wird dir helfen, über die Trauer hinwegzukommen. Dein Leben hat noch einen Sinn. Vergiß es nicht!

Mit Jesus Christus am Grab

Die Glocke der Friedhofskapelle läutet nicht nur auf dem Weg zum Grab. Sie läutet auch am Ostermorgen zur Auferstehung Jesu. Ohne ihn hält man den Tod nicht aus.

Durch die Auferstehung Jesu hat sich das Weltverständnis total verändert. Völlig neue Perspektiven haben sich eröffnet. Auferstehung der Toten, letzte persönliche Verantwortung vor Gott, ewiges Leben. Es ist kaum auszudenken, wie dadurch der Tod durchsichtiger geworden ist.

Darum mußt du durch deine Trauer hindurch auf Jesus sehen. Die Augen deiner Seele sollten sich auf den Auferstandenen richten, der dem Tod die Macht genommen hat.

Und du solltest immer wieder ganz ernst seine Worte bedenken: »Ich lebe, und ihr sollt auch leben. – Wer an mich glaubt, der wird leben, auch wenn er stirbt.«

Wo gibt es in der Welt eine größere Hoffnung? Geh mit Jesus Christus ans Grab! Mit ihm allein kannst du das Todesleid tragen und zum Frieden kommen. Einen stärkeren Tröster wüßte ich nicht.

Gesegnetes Land

Gesegnetes Land. Blauer Himmel darüber. Aber auch dunkle, drohende Wolken, die Sturm und Regen ankündigen. Beides ist nötig.
Gesegnetes Land kann und soll auch dein Leben werden. Wenn es dazu kommen soll, mußt auch du beides annehmen. Nicht nur den blauen Himmel mit Sonnenschein, sondern auch die Wolken mit Sturm und Regen. Zum Wachstum und zur Reife müssen sie zusammenwirken. Nur so wird gesegnetes und fruchtbares Land. Gesegnetes, für die Ewigkeit reifendes Leben.
Wenn du dein Todesleid aus Gottes Hand nimmst, kann auch deine Trauer zu einer Zeit des Segens werden.

Führung

In der Trauerzeit gehen die Gedanken häufig zurück in die Vergangenheit. Erinnerungen werden wach. Viel gemeinsam Erlebtes wird kostbarer.

Wenn du die Jahre deines vergangenen Lebens betrachtest, kannst du auch erkennen, daß dich Gottes behütende Hand begleitet hat. War da am Ende nicht alles Führung? Gewiß hast du es nicht immer gewußt, daß Gottes Augen stets über dir wachten, wie die Augen eines Hirten über seinen Schafen. Und oft hast du es nicht einmal bemerkt, wie nahe tödliche Gefahren an dir vorbeigingen.

Wie es auch sein mag: in unserem Leben ist alles Führung. Den Glauben, daß Gott auch dich führt, darfst du nicht verlieren. Sonst fällst du hinab in die Trostlosigkeit oder in verhärteten Trotz.

Führung ist auch deine jetzige Trauerzeit. Und auch dein zukünftiger Weg wird Führung sein. Darauf darfst du dich verlassen.

Stufen

Unser Leben verläuft über Stufen. Sie können hinabführen. Tief hinab ins Dunkel, in Leiden, Angst und Einsamkeit. Sie können aber auch hinaufführen, ins Licht, zu Erfolg, Glück und Freuden. Die Stufen sind von Gottes Hand gelegt und geordnet. Auch dies ist von ihm geordnet, in welcher Richtung du gehen mußt. Hinauf oder hinab. Darum fürchte dich nicht!
Wenn du dir jetzt vorkommst, als seiest du ganz unten, dann schaue hinauf! Auch wenn es Mühe und Kraft kostet, steige hinauf! Stufe um Stufe. Da oben ist Licht. Und ganz oben ist Gott, der dich sieht und lieb hat.
Und an den Stufen hinab oder hinauf blühen Blumen, die dir sagen wollen, daß Gott auch dich versorgt. Warum so kleingläubig?

Spiegelbild und Wirklichkeit

Wenn das Wasser ruhig geworden ist, wird das Spiegelbild deutlich. So wirst du auch erst, wenn es in dir ruhiger geworden ist, manches deutlicher sehen und verstehen.
Der Apostel Paulus meint, wir sehen jetzt durch einen Spiegel. Ein Spiegelbild ist nämlich nie die volle Wirklichkeit. Alles ist seitenverkehrt. Vieles gebrochen, unklar und verzerrt. Dies erfährst du jetzt in deiner Trauer.
Was wissen wir schon genau von dem, was nach dem Tode kommt? Unser Wissen ist Stückwerk, Spiegelbild. Es ist uns viel zu wenig bewußt, wie begrenzt unsere Erkenntnis ist.
Es steht aber über dieser Welt des Spiegelbildes die biblische Verheißung, daß sie einmal aufhören wird in einem Schauen von Angesicht zu Angesicht. Volle Erkenntnis, ganze Wirklichkeit. In diese Hoffnung darfst du auch dein Todesleid und Trauern hineinstellen.

Zeit ist Gnade

Kurz vor seinem Tod zeigte mir ein Uhrmacher seine letzte selbstgefertigte Wanduhr. Auf dem Zifferblatt hatte er statt der Zahlen zwölf Buchstaben angebracht. Der Reihe nach gelesen ergaben sie den Spruch ZEIT IST GNADE. Der Mann wußte, daß er nur noch wenig Zeit hatte.
Gnadenzeit ist geschenkte, aber auch begrenzte Zeit. Die Uhr läuft ab.
Die Zeit ist etwas vom Kostbarsten, das Gott uns gab. Darum mußt du verantwortlich mit ihr umgehen. Dieses Geschenk auch für Gott und die Mitmenschen einsetzen. Mit Ewigkeitswerten füllen.
Zeit ist Gnade. Dies steht auch auf deiner Uhr. Auch deine Uhr läuft ab. Das Grab, an dem du trauerst, sagt dir, was auch auf dich zukommt. Dem Gedanken an den Tod darf man nicht ausweichen. Man sollte mit dem Tod fertig werden, bevor er kommt. Wenn du eine Hoffnung des ewigen Lebens hast, mußt du dich nicht fürchten, wenn die letzte Stunde schlägt.

Sterben kann auch anders sein

Eine freie Bank. Ein leerer Platz. Aber bunte, herbstlich gefärbte Blätter sind hingestreut, wie von einer lieben Hand. Der Sommer nimmt Abschied. Aber da ist keine dunkle Trauer. Alles ist so selbstverständlich. Es ist eher etwas Festliches in diesem Vergehen. Weil doch im Hintergrund das Leben steht.
So gehört auch zu unserem menschlichen Leben das Sterben und Vergehen. Wie selbstverständlich. Jeder weiß das. Und doch ist es bei uns oft so mit Jammer und Klage begleitet, als sei es ein unerwartetes Unglück.
Sterben kann aber auch anders sein. Bei uns Menschen steht doch auch im Hintergrund das Leben. Seit der Auferstehung Jesu sollte man dies wissen, daß das Sterben nicht des Menschen Ende ist, sondern daß es zu einem Heimkommen zu Gott werden kann. Dies darf man aber auch mit Dankbarkeit und Freude begleiten.

Das andere Ufer

Das ist der Tod. Nicht das Ende. Sondern eine Überfahrt ans andere Ufer. Durch Sterben und Begrabenwerden hindurch wird man dort ankommen. Am Ufer der Ewigkeit.
Dort wartet eine ganz andere Welt. Dort ist das Gotteswort erfüllt: Siehe, ich mache alles neu. Vollendete Gotteswelt. Was kein menschliches Auge gesehen und was Gott bereitet hat denen, die ihn lieben. Welt der Auferstehung, des ewigen Lebens und Friedens. Kein Tod mehr, kein Krieg, kein Leid und Wehgeschrei, kein Schmerz wird mehr sein. Alles durchdrungen von der Gegenwart Gottes und der Freude derer, die Jesus Christus der Macht des Todes entrissen hat.
Mein Verstand ist zu klein, um dies begreifen zu können. Und zum Beschreiben fehlen die Worte. Nur Anbetung: O Gott, wie groß bist du!
Von einem Grabhügel aus hat man die weiteste Aussicht. Man kann hinüberschauen zum anderen Ufer. Abschied ist das ganze Leben lang. Dein letzter Abschied dorthin könnte der schönste sein.

Bildnachweis:
Umschlabild: E. Van Hoorik; S. 7: P. Schäfer; S. 9 u. S. 45: D. Epple; S. 11: K. Ender; S. 13: W. Rilke; S. 15. P. Ehrler; S. 17: T. Pichler; S. 19: Huber; S. 21: St. Lipp; S. 23: K.-P. Stramm; S. 25: G. Müller-Brunke; S. 27: S. Burton; S. 29 u. S. 33: P. Santor; S. 31: R. Haak; S. 35: U. Kröner; S. 37: R. Schäfer; S. 39: H. Herfort; S. 41: H. Janßen; S. 43: W. Rauch; S. 47: Jochen/IFA-Bilderteam